ÁNGELA CRUZ DE QUINTERO

El transcurrir de una vida

autobiografía

El transcurrir de una vida
© Helga Quintero Cruz, 2024

ISBN: 979-8322610311

Todos los derechos reservados. Esta publicación no puede ser reproducida total ni parcialmente por ningún medio ni procedimiento, ya sea electrónico o mecánico, tratamiento informático, alquiler o cualquier otra forma, sin la autorización previa y por escrito del Grupo Editorial.

Editores: Jurado Grupo Editorial

juradogrupoeditorial@gmail.com
Instagram: @juradopublishing
YouTube: Jurado Grupo Editorial
www.juradogrupoeditorial.com
Twitter: @juradopublishing

A mis hijos, Helga y Miguel Enrique… esencia de mi vida.

A mi amado esposo, Henrique, con ese empeño puesto en mi superación; a mi padre, Miguel, con ese carácter infatigable ante la adversidad; a mi madre, Trina, con ese espíritu protector y ese amor sin límites; y a mis hermanos, con esa devoción por mis cuidados; mi eterna gratitud

PRÓLOGO

Tengo que comenzar por agradecer la deferencia de mi querida amiga la ingeniero Helga Quintero Cruz, de elegirme para escribir el prólogo a la memoria de su brillante mamá, la médico y dirigente política, Ángela Cruz de Quintero.

Conocí a Ángela Cruz de Quintero, en reuniones de distinta índole en nuestro partido Acción Democrática y en el Congreso de la República. Al leer sus memorias me sorprendió su apasionante trayectoria que pareciera no coincidir con la presencia modesta y la importante participación política de esa mujer callada, sencilla y de apariencia frágil. Nada en su manera de relacionarse con sus colegas y compañeros de partido permitía saber la cantidad de logros políticos y profesionales que se acumulaban en esa aparente fragilidad.

La pequeña niña de Niquitao, un pueblo del Estado Trujillo, emigró por razones económicas, con sus padres y varios hermanos, a Masparrito, pueblo de la selva barinesa. El héroe de la biografía de Ángela es sin duda su padre, Don Miguel Cruz. A muy corta edad la enseñó a leer y escribir y a sumar y restar. Fue así que cuando la familia debió mudarse a Boconó, de nuevo en Trujillo, Ángela ingresó a la escuela siendo muy adelantada para su edad. Don Miguel Cruz era tan avanzado para la época que no solo privilegiaba el aprendizaje de las mujeres, sino que además desoyó las críticas prejuiciosas porque su hija asistiera a una escuela mixta.

Es en Boconó, cuando Ángela siente por primera vez la comezón política, había ocurrido la revolución de octubre de 1945 y a Boconó llegaron dirigentes de Acción Democrática con el propósito de organizar los cuadros del Partido en esa ciudad. Ángela ya había hecho su elección política. En 1948 debió trasladarse a Caracas para estudiar el 5º año de bachillerato y lo hace en el Liceo Fermín Toro, el más politizado de los liceos capitalinos. Allí se encuentra cuando el derrocamiento del gobierno de Rómulo Gallegos y allí comienza, a los 16 años, su activismo dentro de Acción Democrática y en la clandestinidad.

En esas lides conoce a su esposo, Henrique Quintero, y juntos hacen una combinación perfecta de pareja, padres y luchadores por la democracia. Al caer la dictadura de Pérez Jiménez, es el esposo, quien en demostración de amor y de admiración por Ángela, la estimula para hacer una carrera universitaria y ella elige Medicina. Logra combinar con maestría tres caminos que casi nunca se encuentran: esposa, madre de dos hijos, activista política y excelente profesional de la Medicina en el área que eligió y en la que brilló: Ginecología y Esterilidad Matrimonial.

En tiempos en que Acción Democrática ofrecía escasas oportunidades de participación política a las mujeres, Ángela fue secretaria general del partido en la Seccional Trujillo. Y cuando tampoco en los colegios y organizaciones gremiales se les daba oportunidad a las mujeres de demostrar sus capacidades, Ángela fue la primera mujer en presidir la Federación Médica de Venezuela.

La decisión de mi compañera de aquella Acción Democrática, colega parlamentaria y amiga, de escribir sus memorias, es realmente loable. Lo que pudiera parecer algo muy personal o intimista, es un recorrido por la historia de las conquistas democráticas logradas con el sacrificio y la valentía no solo de hombres, sino también de mujeres como Ángela Cruz de Quintero. Es un legado para orgullo de su descendencia y una enseñanza para los jóvenes que desde hace un cuarto de siglo no han conocido la libertad y lo que costó obtenerla.

Gracias Ángela por el fascinante transcurrir de tu vida.

Paulina Gamus

Capítulo I

MI INFANCIA

Narrar las vivencias en el transcurrir de una vida, partiendo de los vagos recuerdos que puedan almacenarse en la memoria durante la primera infancia, de 6 o 7 años, es algo muy difícil, pero así y todo, empezaré evocando esos tiempos de mi niñez, diciendo que nací en un pueblito del estado Trujillo, Niquitao, del cual no conservo ninguna reminiscencia, quizás porque muy próximo a mi nacimiento, mi padre, aventado por las circunstancias políticas, un día tuvo que trasladarse con la familia a Masparrito, paraje enclavado en plena selva barinesa, pie de monte andino, inexplorado hasta entonces, dejando todo para ir a buscar en lo desconocido, la forma de lograr el sustento de la familia, desafiando todas las adversidades, todos los peligros, luchando contra la propia naturaleza con ese temple de acero y con esa fuerza interior indomable que marcó su personalidad.

Ahí, en ese inhóspito rincón, que aún hoy, en pleno siglo XXI, no ha llegado la civilización, transcurrieron mis primeros años, una época feliz de mi vida, quizás por mi inocencia o porque desconocía otra cosa mejor, o por las dos cosas, pero sí porque estuve rodeada del amor de mis padres, Miguel Cruz y Trina Vergara de Cruz, y de mis hermanos, Elio, Rafaela, Jesús Manuel, Antonio José, Isabel, Ana Josefa y Silvio José. A pesar de las carencias materiales, recibí mucho cariño no expresado en palabras ni en mimos, porque no era costumbre de los míos ni de la época, tal vez también por la adustez que brindaba la naturaleza virgen, pero era un cariño que se respiraba en el ambiente, en la forma queda de hablar, en las pisadas, en las miradas. Nada me decía que había sinsabores, ni apuros. Mientras mis hermanos mayores, unos niños grandes, y mi padre, se levantaban con el alba a luchar a brazo partido para lograr nuestra subsistencia, mi madre y mis hermanas mayores, se ocupaban de los quehaceres de la casa, yo, entre tanto, correteaba con mi hermano Joseíto por los campos y jugaba con la muñeca de trapo que me hizo mi madre.

Todo transcurría así, sin que hubiera algo que me impactara, hasta que un día sentimos un ruido ensordecedor que cruzaba los cielos de aquella tierra y los pocos habitantes que había, salieron a campo abierto a pedir misericordia. Eso me impresionó muchísimo, al igual que al resto de moradores y fue, solo años después, que aquello misterioso y a lo cual se le habían dado explicaciones extraterrenales, supimos que se trataba de un avión. Esta impresión es solo comparable a la que sentí, muchísimos años más tarde, al conocer a la "Roma inmortal". Creo sin temor a equivocarme, que esos dos hechos son los que me han sorprendido de veras en mi vida. Esta digresión, da una idea de cuánto me conmovió ese acontecimiento insólito en aquel lugar, donde cada día se sucedía igual que el anterior.

Pero en medio de mis sencillos juegos, había tareas que se mezclaban sin percibirlas como tales, y era que mi padre en sus ratos de descanso, me enseñaba a leer, casi como un entretenimiento. Tal vez por eso aprendí muy rápido. Un día llegó a Masparrito una señorita llamada Antonieta Moreno, procedente de Barinas, con la finalidad de ser maestra y mi padre decidió que yo asistiera a la "escuela" donde ella enseñaba. Pasaron días y la Srta. Antonieta no logró arrancarme una palabra, situación que hizo saber a mi padre con el propósito que me corrigiera, pero mi padre, muy inteligentemente le dijo: "déjala, ella está muy pequeña y poco a poco va a responder" y así sucedió. Como ya sabía leer, la maestra me ponía de tarea memorizar una página de la "Urbanidad de Carreño" y una vez que no la memoricé completamente, me dio un palmetazo y me arrodilló en la puerta. Eso se lo comentaron a mi padre y ese mismo día me retiró de la "escuela" y me dijo: "en adelante seré yo quien le enseñe".

Un día mi padre, hombre de confianza del General Juan Araujo, caudillo de la región, recibe una misiva de mano de uno de sus emisarios donde le explica el cambio de la situación política del estado Trujillo y, en tal sentido, le pide trasladarse a Boconó, para ser designado su jefe civil. De inmediato se traslada a Boconó. Una vez instalado y habiendo conseguido vivienda, regresa a Masparrito con la finalidad de llevar a su familia a Boconó, donde sería su nueva residencia. Una vez organizado los preparativos, iniciamos el viaje a Boconó, el cual había de hacerse a través de un camino solo para recuas. Una larguísima travesía, llena de peligros de toda naturaleza, atravesando un páramo donde muchas personas morían de lo que se conoce como "mal de páramo", expresión de los campesinos de esas tierras andinas.

Mis padres y mis hermanas viajaban en mulas, mientras mi hermano José y yo, de escasos 10 y 7 años, respectivamente, unos campesinos nos llevaban en brazos. La travesía duró aproximadamente, 10 horas. Al fin, por la tarde, casi anocheciendo, llegamos a Boconó.

La casa que sería nuestra vivienda quedaba en la calle Gran Colombia, frente a la familia de don Jesús Altuve, familia que nos brindó todo su apoyo y cariño y quienes sentían por mí algo especial, sobre todo don Jesús que cuando me enfermaba, hoy sé que se trataba de amigdalitis, me llevaba todo tipo de golosinas y se deleitaba oyéndome leer.

Meses después, cuando se inician las actividades escolares, mi padre me inscribió en la "Escuela Cruz Carrillo", donde a pesar de ser la menor, enseñaba a las demás niñas, ayudando así a la señorita María Elisa Pardi, pues estaba muy adelantada con respecto a mis compañeritas. Mi padre me había enseñado a leer y escribir, a sumar y restar. Aquí debo señalar que, para ir a la escuela, había que llevar en qué sentarse, para lo cual mi padre, que además de agricultor, era zapatero y talabartero, me hizo una sillita de cuero repujado con mis iniciales, silla que hoy aún conservo con mucho amor, en mi habitación.

Así continuó mi educación primaria, siendo buena estudiante, reconocida por la mayoría de mis maestras, excepto por una que no valoraba mi aplicación por mi condición social, por lo que no recibía de ella la calificación adecuada. Eso no lo entendía, pero me parecía algo muy desagradable, lo que albergó en mí ser, un rechazo a ese modo discriminatorio de proceder. Así se anida en mi alma una sucesión de sentimientos, que van desde la inconformidad a la rebeldía que me llevaron a liderar, en mi segundo año de bachillerato, la primera huelga de estudiantes en Boconó.

Capítulo II

MI ADOLESCENCIA

Al terminar la primaria, mi padre me inscribió en el "Colegio Federal de Boconó". Aquí quiero enfatizar, que esa decisión de mi padre se la comentó a su gran amigo, don Marcial Barroeta, quien le respondió: "cómo vas a permitir que tu hija vaya a estudiar con varones, eso no es bueno para una niña". No obstante, ante esa admonición, mi padre, un campesino del siglo XIX, que se adelantó al siglo en el que vivió, no la tomó en cuenta y empecé a estudiar bachillerato, donde tuve grandes profesores, entre ellos: el Dr. Carlos Briceño Cols, profesor de francés; el Br. Rafael José Segovia, profesor de Castellano y Literatura, quien nos ponía como ejercicio, leer a grandes escritores, como: Rómulo Gallegos, en "Doña Bárbara"; Carlos Marx, en "El Capital"; Andrés Eloy Blanco, en el "Canto a España", en "La Renuncia" y otras; a Jorge Isaac, en "María"; y otros tantos escritores.

No puedo dejar de hacer referencia a la idoneidad de los directores del "Colegio Federal de Boconó", el profesor Alonso Gamero y el Dr. Miguel Ángel Pérez, quien sería el decano de la Facultad de Medicina, al momento de mi ingreso a la Universidad Central de Venezuela

En esos días, año 1945, ocurre un hecho de honda trascendencia que marca el antes y el después en la historia política de Venezuela: "La Revolución de Octubre", movimiento con el que sin saber por qué me sentí identificada. Es cuando llegan a Boconó unos dirigentes políticos, Henrique Quintero y Asdrúbal Fernández, con la finalidad de fundar un partido político que se llamaba Acción Democrática (A.D.), dando inicio a una serie de reuniones para dar a conocer sus principios filosóficos y sus bases programáticas, siendo yo una de las primeras personas en enrolarse en sus filas a pesar de mi corta edad, pues pensé, en medio de mi ignorancia, que allí podría tener respuestas a mis inquietudes, pero por esa peculiar personalidad de la gente nacida entre montañas, recelosa, desconfiada, quise me explicaran el ideario de la organización. Fue cuando empecé a comprender lo que no entendía de niña, cuando desconocía por qué se establecían diferencias. Sentí que mis sueños, mis preocupaciones estaban enmarcadas en esa "Revolución", en ese "partido". Posteriormente, nos visita un joven, un dirigente de apellido Betancourt Infante, quien venía con el propósito de fundar la Asociación Juvenil Venezolana (A.J.V.), que sería conformada por jóvenes de ideas liberales. Pero su verdadero propósito era formar a la juventud de Acción Democrática, asociación con la cual me identifiqué y de inmediato me incorporé.

A partir de esa época, teniendo apenas 16 años, y paralelamente con mis estudios de bachillerato, empieza mi vida política bastante intensa, acompañando a los dirigentes Henrique Quintero y Asdrúbal Fernández a múltiples actividades tendentes todas a estructurar a Acción Democrática a lo largo y ancho de Boconó. Es así como se funda Acción Democrática en Boconó, una verdadera organización, llegando a tener su propio vocero: el semanario llamado "El Pueblo", cuyo director era el compañero Marcos Sánchez. Fue en ese entonces cuando escribí un artículo que titulé "La Agricultura en Venezuela", motivado por los comentarios de mi padre, quien fuera un pequeño agricultor, comentarios que intercambié con una persona conocedora del tema, cuyo nombre hoy no recuerdo, quien me suministró la información necesaria para sustentar lo que escribiría. Una vez redactado, abordé al compañero Sánchez, director de "El Pueblo", con la osadía de una joven de 16 años, para pedirle lo publicara en su semanario y así sucedió. En fecha 06 de febrero de 1947, mi artículo apareció publicado en primera página, ejemplar que reposa en mi biblioteca personal.

No puedo dejar de recalcar la insólita campaña desatada contra los dirigentes de Acción Democrática, tildándolos de comunistas y enemigos de Cristo y de la Iglesia, sobre todo por parte del párroco de Boconó, que utilizaba el púlpito para difundir sus despropósitos. En una ocasión, estando yo en misa, al oír sus improperios, ante el asombro de los asistentes, alcé mi voz de protesta para indicarle que los mítines políticos se daban en la plaza pública.

Esa hostil campaña tuvo su máxima expresión, cuando una noche atentaron contra la vida del secretario de A.D. el compañero Felipe Yeleret, al colocarle una bomba en su casa de habitación que por fortuna, solo causó daños materiales.

Fue así, como en Boconó terminó de transcurrir mi infancia y mi adolescencia.

Capítulo III

CARACAS

Así transcurría mi vida, entre mis estudios y la política, hasta que en 1948, cuando culminé el 4° año, ante el asombro de algunos boconeses que no compartían la idea de que una jovencita se fuera sola, y menos a la ciudad de Caracas, debí dejar Boconó para continuar mis estudios y poder obtener el título de bachiller, porque por tratarse de un colegio federal, no se dictaba el último año de bachillerato.

Me trasladé a la capital con el apoyo y autorización de mi padre y con la tristeza de mi madre, a quien mi padre consolaba, diciéndole: "no llores que ella vuelve" y ella le respondió "yo sé que no vuelve". Años más tarde cuando me casé, ella le recordó: "no te dije que no volvía".

Llegué a Caracas y me alojé en el Colegio Católico Venezolano, situado de Balconcito a Truco, hoy Av. Baralt, porque allí funcionaba una residencia para señoritas. Una vez en Caracas, no sé el por qué, me inscribí en el "Instituto Pedagógico de Caracas" para estudiar Pedagogía. Al concluir el primer año, desisto de la idea de continuar mis estudios de Pedagogía porque eso no era lo que quería. De niña soñaba con ser médico, un sueño para mi irrealizable por carecer mi familia de recursos económicos. Me inscribo en el Liceo Fermín Toro para obtener el título de bachiller.

Era el año 1949, ya en el Liceo Fermín Toro, me encuentro con la vorágine de las protestas estudiantiles ante el golpe de estado encabezado por Pérez Jiménez que derrocó al maestro don Rómulo Gallegos, el primer presidente Constitucional de Venezuela, electo por el voto universal, directo y secreto, hecho que me produjo una gran consternación y preocupación, sobre todo, por temor a perder las más importantes conquistas sociales y políticas alcanzadas por los venezolanos y por conocer el talante dictatorial de los militares. En ese momento me dije: tengo que luchar contra esto, y nuevamente me involucro en la política. Hago contacto con compañeros dirigentes: Miguel Bellorín, Miguel García Makle, León Córdoba, Guido Grooscors y Germán Requena. Empezamos a programar nuestras actividades. Hacíamos reuniones clandestinas en la casa de la madre de Requena, situada a una cuadra de la "Plaza La Concordia"; repartíamos panfletos que enviaba la dirigencia nacional, los cuales metíamos por debajo de las puertas de las casas y/o los lanzábamos por todo el liceo, que tenían la finalidad de mantener informada a la población, pues todos los periódicos y emisoras habían sido clausurados; realizábamos mítines relámpagos montados en los pupitres del liceo. En una ocasión, con motivo de la puesta en prisión del profesor José Ángel Ágreda, estando subida en un pupitre dirigiendo unas palabras, llegó la Seguridad Nacional al liceo, de lo cual fuimos advertidos y ante lo cual, unos compañeros me ayudaron a bajar del pupitre y un bedel me escondió en el cuarto de la basura. Después me ayudó a saltar un muro para salir hacia "El Calvario", evadiendo así a los esbirros de la dictadura.

En mayo de 1950, sucede la huelga petrolera del Zulia en procura de mejoras reivindicativas para la clase trabajadora, sin dejar a un lado el contenido político en pro de la libertad y la democracia, a la cual, en su apoyo, nosotros los estudiantes también nos declaramos en huelga: los compañeros se ubicaron en las puertas del liceo para impedir la entrada de los estudiantes que pretendieran asistir a clases. Recuerdo que una estudiante quiso entrar a la fuerza para romper la huelga y el estudiante León Córdoba, quien fuera uno de los dirigentes de la huelga, la agarró por los tirantes del uniforme, impidiéndole la entrada. Posteriormente, ella lo acusa con el director Domingo Urbina, quien lo denuncia y León Córdoba es hecho preso.

Capítulo IV

Henrique Quintero

Paralelamente a mis actividades en el liceo, y sin ser estudiante universitaria, me incorporé a la lucha en la Universidad Central de Venezuela. Para ingresar a la Universidad, donde hoy es el Palacio de las Academias, exigían el carnet de estudiante universitario, lo que me obligó a pedírselo a una compañera de la residencia, Emma Catalán, para poder entrar al recinto universitario. Fue así como comencé a participar en las protestas de la Universidad. La Seguridad Nacional, como era costumbre, acordonaba la Universidad, lanzando con furia bombas lacrimógenas. En una oportunidad nos quedamos atrapados en la Universidad al estar bloqueada la salida de los estudiantes por la policía política, lo cual me impidió llegar a mi residencia y obligó a mi representante, quien también era un luchador, a justificarme ante el Colegio Católico Venezolano, explicándoles que me había sentido mal, por lo que había tenido que llevarme a su casa.

Aquí debo hacer un paréntesis para hablar un poco de mi vida de mujer que, por supuesto, nunca estuvo desligada de mi actuación política, tanto en la clandestinidad como en la democracia. Corría el año 1950 cuando, en medio de ese mi batallar político y el cual, de una u otra forma, estaba vinculado al que yo llamo mi mentor político, Henrique Quintero, nos hicimos novios y al poco tiempo me manifestó su intención de casarse conmigo y en tal sentido consideró su deber, como un acto de responsabilidad, participárselo a mis padres para pedir su autorización. Fue entonces cuando se traslada a Boconó, junto a su hermana, Marruca Quintero de Crespo. Allí se reunió con mi padre para explicarle el motivo de su presencia, quien le dio su bendición para nuestro matrimonio.

Días después recibo una carta de mi padre, cargada de emotivas y certeras reflexiones, donde me decía:

> …no desaprobamos ese enlace pues la familia Quintero es muy digna, pero no nos alegramos, pues cuan duro y triste es

separarse de una hija querida y adorada, esto, solo el que tiene hijos y los quiere, puede saberlo, ahora tú piensa bien y medita con tranquilidad, pues vas a renunciar a las alegrías de la juventud, para asumir la gran responsabilidad de esposa y madre, piensa que un hombre cuando se casa da a su mujer todo cuanto tiene, su libertad individual, sus sacrificios, el sudor de su frente y hasta su nombre y que la mujer debe corresponder no solo con su amor, sino con su fidelidad, estas dos palabras encierran todo.

Y un 24 de agosto de 1950 se realizó el matrimonio civil, en Caracas, y el 06 de septiembre de ese mismo año, la boda eclesiástica en la Iglesia Niño Jesús de Escuque.

Capítulo V

LA DICTADURA

Transcurría mi vida cotidiana de esposa, ama de casa y madre, apoyando a mi esposo en su rol de dirigente de la resistencia contra la dictadura de Pérez Jiménez, participando en actividades políticas que se desarrollaban en nuestro hogar. En honor a la verdad, debo decir que el haber contraído matrimonio no fue óbice para seguir con mi activismo político. Todo lo contrario, nuestra casa operaba casi como un "comando" dirigido por mi esposo, donde la dirección nacional del partido nos entregaba cédulas falsas destinadas a los compañeros buscados por la Seguridad Nacional. También recibíamos panfletos con información sobre las actividades represivas del régimen, fácil de entregar a mano y de repartir por debajo de las puertas para mantener informada a la población.

También nuestra vivienda sirvió de "concha", como se les decía a las casas donde se escondían a los más conspicuos dirigentes que estaban siendo perseguidos por la dictadura. Estando Pedro González Abad "enconchado" en nuestra casa, la señora que nos planchaba fue al abasto cercano y del teléfono que le prestaron, llamó a alguien para delatarlo, pero el dueño del abasto, un portugués amigo nuestro, nos avisó de inmediato. Sin perder tiempo, llamamos al compañero encargado de ubicar "conchas" y vinieron a buscarlo. Al poco rato, se presenta un grupo de esbirros de Pedro Estrada. Revisaron toda la casa, inclusive se metieron en el tanque del agua. A partir de entonces, la Seguridad Nacional apostó cuatro esbirros en la puerta de nuestro hogar y otros más en la cuadra, quienes a cualquier hora del día o de la noche, tocaban la puerta y revisaban todos los rincones de la casa, razón por la cual decidimos dejar la puerta principal abierta, día y noche. Una de las incontables veces que nuestra vivienda fue brutalmente allanada, esos siniestros personajes, no contentos con romper nuestros colchones y sacar y tirar nuestros alimentos de la nevera en la búsqueda de armas, echaron al piso todo lo que encontraban a su paso, incluyendo la canastilla que tenía preparada para el nacimiento de mi hijo.

Otras de nuestras actividades, junto a Gladys, esposa del Dr. Francisco Lusinchi, hermano del presidente Jaime Lusinchi, era recaudar fondos entre personas amigas, de extrema confianza, fondos estos que retiraba el compañero Celso Fortoul y eran destinados a los exiliados y a sus familiares.

Una mañana, regresando mi esposo después de haber instalado una radio clandestina, se puso la pijama y se recostó en una cama clínica que estaba cerca del balcón. En ese preciso momento, cuando llega la esposa del compañero Humberto Bello Lozano, quien estaba preso, para saber si teníamos noticias de él, aparece la Seguridad Nacional gritando. De inmediato, tomo un cartón piedra con la imagen de Rómulo Gallegos, propaganda de su campaña presidencial del 1947, y la pongo, boca abajo, debajo de la cama y encima le coloco una bacinilla, y cuando los esbirros se acercan a la cama clínica, les digo: "Cuidado, no se le acerquen mucho a él, es tísico y la tisis se contagia con el solo respirar del paciente y hoy tuvo un vómito de sangre", en tanto mi esposo tosía. Intuyo que esto los asustó, porque precipitadamente se retiraron, después de interrogarlo de lejos.

En medio de ese accionar político, al casarme, asumí que mis estudios habían terminado por siempre, pues en esa época una mujer casada y además con un andino, por naturaleza conservador, estudiar era algo inconcebible. Sin embargo, mi activismo político continuó, ahora, de una forma sigilosa. Como es natural, me convertí en esposa, ama de casa y muy prontamente, en madre. A los trece meses, un 27 de octubre, ocurre uno de los más grandes y sublimes acontecimientos en la vida de una mujer, nace mi primogénita Helga y catorce meses después, el 20 de diciembre, experimento otra inmensa alegría, difícil de describir, el nacimiento de mi segundo hijo, Miguel Enrique. La llegada de mis hijos constituyó una razón mucho más poderosa para renunciar a mis sueños de estudiar.

Un día, teniendo mis hijos cinco y cuatro años respectivamente, mi esposo con una gran seriedad me dice:

—No me gustan las mujeres ociosas, ¿por qué no estudias una carrera universitaria?

Casi mi corazón explota de emoción y le contesto:

—Claro que sí— y él me responde:

—Estudia Farmacia.

Yo, entre confundida y frustrada, le digo:

—O estudio Medicina o no estudio—entonces él me responde:

—Si eso es lo que tú quieres, estudia Medicina,

pero debes de saber lo difícil que es esa carrera, pero si pasas el primer año, te regalo un carro.

Ante ese intempestivo y gratificante mandato que plenó de regocijo mi alma, al día siguiente fui a inscribirme en la Universidad Central de Venezuela. Supe entonces que debía de presentar un examen de admisión, el cual aprobé.

Capítulo VI

Universidad Central de Venezuela

Fue el 1° de octubre de 1957 cuando inicio mis estudios de Medicina en la Universidad Central de Venezuela. Al finalizar el año académico y habiendo aprobado todas las materias, solicité constancia de mis notas y con ella en mano, llegué a la casa y le pregunté a mi esposo:

—¿Dónde está mi carro? y él, entre sorprendido y desconcertado me respondió:

—¿Cuál carro?, y yo le contesté:

—Recuerda que prometiste que si aprobaba el primer año, me regalarías un carro— y contesta:

—¿Entonces uno no puede hablar tonterías, porque lo toman en serio?

Y cuál fue mi sorpresa, que al día siguiente me encontré con un carro de agencia, en la puerta de mi casa.

CAÍDA DE LA DICTADURA

Ya en la Universidad, se me presenta un joven llamado Juan Catalá, hijo de José Agustín Catalá, estudiante de 4° año de Medicina y al comprobar que yo era la persona a la que buscaba, me dijo:

—Tú has sido designada por los dirigentes de Acción Democrática para coordinar junto conmigo, las actividades de nuestro partido en la facultad de Medicina y me han comisionado para traerte toda la información y los lineamientos a seguir.

Y así empezó mi lucha sin cuartel contra la dictadura. Para ese momento, la dictadura estaba en la etapa más cruel de la persecución: los métodos más salvajes de la tortura, el asesinato de compañeros y el doloroso exilio.

Entre nuestras actividades estaba la realización de mítines relámpagos con la finalidad de incentivar a los estudiantes para que participaran de nuestras actividades conspirativas. Llega el 21 de noviembre de 1957, a escasos días de haberse iniciado las clases en la Universidad, declaramos la huelga estudiantil, secundada por la Universidad Católica y el Liceo Fermín Toro. Para ese día se programó la intensificación de las protestas y decidimos encaminar una marcha hacia la Plaza

Venezuela, pero no habíamos traspasados las puertas de la Universidad cuando fuimos recibidos por los esbirros de Pedro Estrada con bombas lacrimógenas. Dos autobuses ocupados por otros esbirros, entraron al recinto universitario, armados con revólveres, bayonetas, mazos y otras armas, violando así su autonomía. Algunos de los estudiantes que no lograron escapar fueron agredidos salvajemente. Afortunadamente, la mayoría conocíamos todos los rincones de la Universidad, ayudándonos unos a otros a escondernos, logrando escapar de la golpiza. De allí en adelante, nuestra Universidad se convirtió en un torbellino de protestas.

Esta hazaña estudiantil del 21 de noviembre de 1957, junto a aquella magistral y valerosa pastoral de Monseñor Arias Blanco, leída en mayo de ese mismo año en la Catedral de Caracas y en todas las iglesias del país, así como también, el contundente manifiesto de los intelectuales, retumbaron en todos los rincones de Venezuela, convirtiéndose en el detonante que precipitó la caída de la sangrienta dictadura de Pérez Jiménez. Fue aquel glorioso 23 de enero de 1958, día de la libertad, día que se abrió la puerta a los 41 años de democracia, en los cuales se inscribieron con caracteres indelebles en la historia de Venezuela, las más hermosas conquistas sociales, políticas y económicas, donde la de mayor relevancia fue el voto universal, directo y secreto, que le confería al venezolano, por primera vez, su condición de ciudadano, conquistas estas que ya se habían logrado en el trienio adeco, 1945-1948, producto de la Revolución de Octubre de 1945, y que habían sido conculcadas durante la dictadura.

Capítulo VII

La democracia

Para diciembre de 1958 se fijan las primeras elecciones libres en Venezuela. Acción Democrática selecciona al compañero Rómulo Betancourt como su candidato, iniciándose la campaña electoral en la cual participé activamente. Esta campaña estuvo signada por la violencia por parte de la extrema izquierda, de los urredistas y de los copeyanos, contra nuestro candidato y contra nuestro partido. Me convertí en una de sus víctimas, al ser agredida salvajemente con piedras y botellas en el rostro y la espalda. También mi automóvil fue objeto de violencia, hecho este reseñado en un periódico de la época que dirigía el periodista Rafael Serfati, ejemplar que reposa en mi biblioteca personal.

No obstante, en esa agresiva campaña, nuestro candidato resultó mayoritariamente electo presidente de la República. Al poco tiempo de su toma de posesión, se producen las asonadas militares, "El Carupanazo", "El Barcelonazo" y "El Porteñazo", así como la violencia armada de la guerrilla conformada por los desadaptados y frustrados de extrema izquierda y el ELN, movimiento éste planificado, dirigido y pagado por el cruel dictador, asesino de cubanos, Fidel Castro. El hecho más grave fue el intento de magnicidio del que fue objeto el presidente Rómulo Betancourt, hecho, planificado intelectual y materialmente por el sanguinario dictador de la República Dominicana, Rafael Leónidas Trujillo, salvando milagrosamente su vida. Mientras tanto, nosotros, activistas políticos adecos, tomamos las calles para expresar nuestro total apoyo al gobierno, amenazado por los sectores de extrema izquierda, por la derecha y por los militares, y nuestro compromiso en la defensa de la democracia.

Al finalizar el mandato de Rómulo Betancourt, Acción Democrática elije al compañero Raúl Leoni como candidato a la Presidencia de la República resultando electo presidente para el período 1963-1968.

Dentro de mi actividad política y como parte de mi labor social, conocedora de los grandes problemas que confrontaba mi pueblo natal, Niquitao, me tracé como meta luchar por mejorar las condiciones de vida de sus pobladores. Fue así, cuando me comuniqué con el Sr. Ramón Muchacho Daboín, gran empresario, amigo de mi esposo, originario de ese pueblo, para solicitarle su colaboración y lograr mejorar la calidad de vida de sus habitantes. En nuestra entrevista nace la idea de fundar una asociación por él apadrinada, que se llamaría "Junta Pro-Mejoras de Niquitao", nombrando una directiva con asiento en Niquitao y otra, en la ciudad de Caracas, su filial, de la cual fui designada su presidente. Al poco tiempo, a través de la asociación "Junta Pro-Mejoras de Niquitao", se fundó una escuela de mecanografía, dotada con todo lo necesario para la práctica de este oficio, así como también se logró la donación de numerosas máquinas de coser para dictar cursos de corte y costura con la finalidad de preparar a las mujeres en esta disciplina, lo que les permitiría mejorar su ingreso familiar. Otro de nuestros logros fue la compra de una casa, ubicada en una esquina de la Plaza Bolívar, que serviría de sede para asociación y para desarrollar las actividades antes mencionadas.

Sin embargo, poco era lo conseguido si el pueblo no tenía alumbrado eléctrico. Fue así como me propuse conseguir dicho alumbrado, para lo cual solicité una entrevista con la Secretaría del Despacho del presidente de la República, Dr. Raúl Leoni para plantear la necesidad del alumbrado eléctrico de la población de Niquitao. Esta solicitud fue oída por el presidente y gracias a su sensibilidad social y a mi tesonera labor, la obra fue incluida en el presupuesto de la nación. A finales de mayo de 1965, la Compañía Anónima de Administración y Fomento Eléctrico, (CADAFE), inicia los trabajos de electrificación de Niquitao, logrando así, la iluminación de mi pueblo.

En 1970, la Secretaría Nacional de Profesionales y Técnicos me designa Responsable Política Distrital de la Fracción Médica de Acción Democrática. A partir de ese momento, empiezo a coordinar asambleas semanales para analizar los problemas de salud pública y, por supuesto, todo lo relativo al gremio médico nacional, y poder fijar posición frente a ellos y ante los acontecimientos políticos que se sucedían en el país, sin dejar a un lado, las relaciones con las fracciones médicas de los otros partidos políticos.

Mi lucha política fue incesante. En 1973, me involucré en el proceso interno de Acción Democrática para la escogencia de nuestro candidato a la Presidencia de la República. Para esos días estaba convocada una asamblea de la Fracción Médica en la Casa Distrital de Acción Democrática, en El Paraíso, para tratar temas de interés político nacional, contando con la presencia de Rómulo Betancourt, Gonzalo Barrios y Carlos Andrés Pérez, entre otros miembros del Comité Ejecutivo Nacional (CEN) y siendo yo, la responsable política de la Fracción Médica, me tocó abrir la asamblea y presentar a los oradores. Al corresponder el turno del compañero Carlos Andrés Pérez, quien se desempeñaba como Secretario General Nacional del Partido, lo anuncio como "secretario general y próximo presidente de la República", a pesar del mandato de Rómulo Betancourt de no hablar de candidaturas. Todo el auditorio se quedó atónito con las palabras de mi presentación por la prohibición del Partido de hablar de candidaturas. Al finalizar el acto, Carlos Andrés me increpa y me dice:

—¿Cómo te atreviste, sobre todo ante la presencia de Rómulo, quien fue el que tomó esa decisión?

A los pocos días, fui a su oficina a llevarle el libro: *Cómo se vende un presidente*, libro que se publicó para la campaña de Richard Nixon.

Poco tiempo después, al fijar la fecha de las elecciones nacionales, Carlos Andrés Pérez fue seleccionado nuestro candidato presidencial, a quien me correspondió acompañarlo en varias de sus giras y actos de campaña. Durante su campaña por el estado Trujillo fui designada médico de la gira y en diciembre de 1973, Carlos Andrés es electo presidente de la República con una abrumadora mayoría.

En ese período presidencial y como responsable de la Fracción Médica de Acción Democrática me dediqué a estudiar los problemas de salud que confrontaba Venezuela, visitando los diferentes estados, buscando sus soluciones para exponérsela al ministro de Sanidad. Importante destacar, que muchas de mis propuestas se ejecutaron, con resultados satisfactorios.

A mediados del mandato de Carlos Andrés, en 1977, se empieza a hablar de candidaturas para elegir al nuevo presidente de la República. En Acción Democrática se disputaban los compañeros Jaime Lusinchi y Luis Piñerúa Ordaz. El Comité Ejecutivo Nacional (CEN) decide ir a elecciones primarias para dirimir la escogencia de nuestro candidato, incorporándome en ese momento a trabajar por la candidatura interna de Jaime Lusinchi. Después de una breve campaña interna, resultó vencedor el compañero Luis Piñerúa Ordaz.

De inmediato, me sumo a trabajar por nuestro candidato presidencial desde el movimiento "Unidad de Independientes" que presidia el compañero Blas Bruni Celli, con quien recorrí gran parte del país. Fue un proceso electoral del cual no salimos victoriosos.

Poco después del revés electoral del compañero Luis Piñerúa, a instancia del compañero Celestino Armas, y junto a Ezio Araque, empezamos estructurar un equipo político para promover la candidatura del compañero Jaime Lusinchi cara a las elecciones presidenciales que tendrían lugar en diciembre de 1983. En la contienda interna se presentaron, el compañero David Morales Bello y nuestro candidato, saliendo airoso Jaime Lusinchi.

Paralelamente, en 1982 soy designada responsable Político Nacional de la Fracción Médica. En esa condición, realicé giras por todo el país para profundizar sobre los problemas que confrontaba la atención a la salud y las posibles soluciones no solo a la salud propiamente dicha, sino también a todo lo atinente a las estructuras médico-asistenciales, diagnóstico y posibles soluciones que presenté a las autoridades del Ministerio de Sanidad y del Instituto Venezolano de los Seguros Sociales, que fueron bien acogidas.

En 1983, iniciada la campaña presidencial y como parte de ella, el Buró Nacional de Profesionales y Técnicos acordó que varios de sus integrantes viajáramos a la ciudad de Pensilvania, para asistir a un taller sobre campañas electorales con expertos en la materia. Fue así como el 17 de febrero de 1983 viajamos un grupo de profesionales.

Al dar inicio a la campaña de Jaime Lusinchi, formé parte de su comando de campaña, acompañándolo en sus giras por el interior del país. En esa oportunidad, fui candidata a concejal por el Distrito Federal y formé parte del equipo encargado de elaborar el programa de gobierno, capítulo salud. Finalmente, el compañero Jaime Lusinchi resulta electo presidente de la República y yo concejal.

LA POLÍTICA: UNA FORMA DE VIDA

Muy cerca de concluir el mandato del presidente Jaime Lusinchi, el compañero Octavio Lepage deja el Ministerio de Relaciones Interiores para presentarse como precandidato en la contienda interna de Acción Democrática para la Presidencia de la República, cuando ya el compañero Carlos Andrés Pérez había manifestado su propósito de ser nuevamente candidato, propósito que me comentó en su momento, presentándome un esbozo, unas líneas maestras de lo que sería su programa de gobierno con el cual me había comprometido.

Indudablemente, esas dos precandidaturas generaron en mí un gran conflicto interno, pues el compañero Lepage era un amigo de mi más alta estima.

Entre tanto, la prensa empieza a elucubrar sobre la correlación de fuerzas en la dirección nacional del partido y publica la lista de sus miembros y sus tendencias. Para ese entonces yo formaba parte del CEN (desde 1986) y mi nombre aparece apoyando a Carlos Andrés Pérez y en efecto, no se equivocaron.

No puedo dejar pasar por alto cuando el compañero Lepage, conocedor de los rumores que manejaban los periodistas que como miembro del Comité Ejecutivo Nacional (CEN), me ubicaban en el grupo que apoyaba al compañero Carlos Andrés Pérez, me pidió conversar, preguntándome si eran ciertos los comentarios que circulaban en la prensa, a lo cual, con profundo sentimiento, le manifesté mi compromiso que con anterioridad había adquirido con el compañero Carlos Andrés.

Ante la existencia de dos candidatos de la más

alta jerarquía, la Dirección Nacional del Partido determina que la escogencia del candidato presidencial sería en elecciones internas, mediante colegios electorales. De inmediato, los dos precandidatos salen en la búsqueda del apoyo de los delegados de las diferentes seccionales del partido. Cabe señalar que ese proceso interno fue muy intenso.

Ya en campaña, cuando Carlos Andrés inicia sus giras, visita la Seccional Trujillo, le fueron cerradas las puertas del Partido por instrucciones del secretario general seccional, Eleazar González. Sin embargo, Carlos Andrés continúa su gira, haciendo caso omiso a esta orden.

Llegado el momento, los Colegios Electorales reunidos en el Poliedro de Caracas, escogen a Carlos Andrés Pérez como candidato presidencial de Acción Democrática para la contienda electoral 1988-1993.

Ya postulado e inscrito en el Consejo Supremo Electoral (CSE), el Comité Ejecutivo Nacional (CEN), convoca al Comité Directivo Nacional (CDN) en Caracas para analizar la situación de la Seccional Trujillo y la conducta de su Secretario General, decidiendo por unanimidad su "intervención" y mi designación como Secretaria General Seccional.

Cuando Carlos Andrés se acerca a felicitarme por tal designación, le respondo que esa designación implicaba realizar un trabajo político de primera línea y a tiempo completo, lo que conllevaba mudarme a Trujillo y dejar mi familia, mi esposo y mis dos hijos, y también mi ejercicio profesional, por todo lo cual, me era imposible aceptar. Ante mi negativa respondió que el manejo de esa seccional era difícil y más aún después de una intervención, que implicaba destituir compañeros, generando dos grupos, uno de los cuales no estaría en la mejor disposición para trabajar por su candidatura y, prosiguió indicando que para la búsqueda de la mejor salida a tan compleja situación, él confiaba en mí, asegurando que sabría conducirla, razón por la cual me pedía aceptar. Como no era difícil entender, para él, mi aceptación, significaba su triunfo en esa seccional. Frente a tal argumentación me resultó cuesta arriba persistir en mi negativa. En vista que la asamblea esperaba por mi decisión, me dispuse a consultar telefónicamente con mi esposo cuya respuesta fue un total apoyo, "no puedes decirle que no, nosotros nos las arreglaremos y entre los tres, tu estadía lejos de nosotros, la sabremos sobrellevar".

Al contar con la aprobación de mi familia, emprendí viaje hacia a Trujillo en marzo de 1988 junto con el secretario nacional de Organización, Luis Alfaro Ucero, quien iba a legitimar mi designación como secretaria general de esa seccional. Al llegar al aeropuerto, nos trasladamos a la casa del Partido, la cual estaba llena a reventar por compañeros que venían de todos los municipios a mostrar su solidaridad con la decisión tomada por el CEN y por haber sido seleccionada una trujillana, conocedora de los problemas de ese estado y de lo difícil que era el manejo de la política.

Este acontecimiento despertó en la opinión de dirigentes políticos y de la población en general, un inusitado interés, sobre todo porque era una mujer la que llegaba a reemplazar al secretario general.

Una vez que asumí la Secretaría, me reuní con los miembros del nuevo Comité Ejecutivo Seccional, los cuales en su mayoría habían sido ratificados, manifestándoles que no llegaba con una actitud de retaliación, ni con distingos de ninguna naturaleza, pues mi misión como la de todos los adecos y, más de sus directivos, era trabajar sin descanso para lograr el triunfo de nuestro candidato.

De inmediato elaboramos la agenda de actividades para los próximos días, dando inicio a la campaña electoral, una campaña de por sí muy exigente, donde además, había de manejar con extrema cautela los problemas internos, que era lógico suponer existían, motivados por la intervención. Fue una lucha sin tregua. Debo destacar que la gira de Carlos Andrés por el estado, su llegada, sus mítines, fueron de una asistencia multitudinaria. Para mí una experiencia única.

Tuve la gran responsabilidad de acompañarlo y presentarlo en todos los actos programados durante la campaña. Para el cierre de la misma, se realizó un mitin de clausura en la ciudad de Trujillo siendo yo, en mi condición de secretaria general, la oradora para dar inicio al evento y presentar al que sería el próximo presidente..

UN NUEVO GOLPE DE ESTADO

Nunca hubiera podido imaginar que en la postrimería de mi vida debería enfrentar un nuevo golpe de estado aquel fatídico día, el 4 de febrero de 1992. Ese día, sin dudarlo un instante, de inmediato me trasladé al Palacio de Miraflores a darle apoyo, no solo al amigo, al compañero presidente de la República, Carlos Andrés Pérez, sino a nuestra democracia, que tantas vidas y sacrificio le había costado a los venezolanos. Desde ese día y hasta el sol de hoy, a pesar de mis años, no he dejado de luchar por la reconquista de nuestra libertad, de nuestra democracia, asistiendo a marchas, mítines, asambleas, votando, en fin, participando en cuanta actividad haya sido convocada no solo por mi partido, Acción Democrática, sino por la alternativa democrática.

Capítulo VIII

MI VIDA PROFESIONAL Y MI VIDA GREMIAL

MI VIDA PROFESIONAL

Yo, entre tanto, sin dejar mi actividad política, continué mis estudios sin desatender mis deberes de esposa, de madre, de conductora espiritual de mis hijos. El 13 de septiembre de 1963 recibo el título de Médico Cirujano en la Universidad Central de Venezuela.

Comienza mi ejercicio profesional, primero como Médico Interno y luego como Médico Residente del Hospital Risquez de Caracas. Durante el período 1964 - 1966, realizo mi posgrado en Ginecología y Esterilidad Matrimonial en el Hospital "Carlos J. Bello" de la Cruz Roja Venezolana, en Caracas. Al finalizar mi posgrado continué trabajando en dicha institución y, al poco tiempo, fui designada Médico Adjunto del Servicio de Ginecología, posteriormente pasé a ser profesora de posgrado. Al año siguiente, fui nombrada Médico Adjunto "Ad Honorem" en el Departamento de Patología Cervical de ese servicio, actividades éstas que desarrollé hasta 1973. Durante este período, publiqué, junto con otros colegas, un trabajo sobre colposcopia en la Revista de Ginecología y Obstetricia de la Socie-dad de Ginecología y Obstetricia de Venezuela. Realicé cursos de Oncología Ginecológica, Mastología y Endocrinología Ginecológica. En 1973 me inscribo en el Concurso de Ginecología del Ministerio de Sanidad y Asistencia Social, concurso que gané como Médico Adjunto del Servicio de Ginecología. Posteriromente paseé a ser profersoa de posgrado en el Hospital "José Gregorio Hernández", de Los Magallanes de Catia, hospital que venía de ser inaugurado, enero de 1974. Ese mismo año me dedico a estudiar el cáncer uterino en Venezuela y, ante la marcada incidencia de esta patología, propuse crear una consulta de Patología Cervical. Fue entonces cuando el Ministerio de Sanidad y Asistencia Social me comisionó para crear esa consulta en el Hospital Materno Infantil de Petare, la cual llevé a cabo en 1975.

Además, durante mi ejercicio profesional, asistí a innumerables congresos nacionales e internacionales de mi especialidad.

Fui miembro de varias sociedades médicas y miembro titular del Primer Congreso de

"Colposcopia y Patología Cervical Uterina", realizado en Mar de Plata, Argentina, en 1972.
- En 1974 asisto al Congreso de Ginecología en Madrid.
- En 1984 participo como representante del Instituto Venezolano del Seguro Social en el Congreso de Planificación Familiar en México.
- En 1985, la Federación Médica Venezolana (F.M.V.) me envía como representante a la Asamblea Anual de la Asociación Médica Mundial (AMM), en Bruselas, Bélgica.
- En 1986 voy, como miembro de la Federación Médica Venezolana (F.M.V.), a la Asamblea Anual de la Federación Médica Mundial, en la ciudad de Los Ángeles, EE. UU.
- En mayo de 1987, soy invitada al Congreso "Médicos para la Paz¨, en Moscú, donde se me nombró vicepresidente del Capítulo Venezuela.
- Desde el 31 de Julio de 2.002, "Invitada de Cortesía", Academia Nacional de Medicina, hasta la fecha presente.

MI VIDA GREMIAL

No puedo dejar de mencionar que durante el último año de mis estudios (1963), estuve en relación permanente con destacados médicos, todos dirigentes de Acción Democrática: Carlos Arocha Luna, María Josefa Salerno, Francisco Soto-Rosa, Miguel Bellorín, entre otros, quienes me habían contactado e invitado a incorporarme a las reuniones de la Fracción Médica de AD, donde se trataban temas de interés político y gremial.

Esta relación político-gremial me llevó a incursionar en la actividad gremial. Fue así, como formé parte de distintas comisiones de trabajo del Colegio de Médicos del Distrito Federal, hoy Colegio de Médicos de Caracas. Poco tiempo después fui electa delegado principal, en las planchas de Acción Democrática, para representar dicho Colegio en las asambleas ordinarias y extraordinarias de la Federación Médica Venezolana (F.M.V.) hasta 1985, cuando asumo la presidencia. Posteriormente, en 1987, al dejar la presidencia de la Federación Médica, retomo mi condición de delegado, esta vez delegado nato, como expresidente. En 1981, y hasta 1983, en reconocimiento a mi desempeño gremial, fui designada su representante ante el Consejo Directivo del Instituto Venezolano de los Seguros Sociales (I.V.S.S.).

Capítulo IX

Federación Médica Venezolana

En cuanto a mis actividades conexas con mi profesión, como gremialista, fui electa Subsecretaria de Relaciones del Comité Ejecutivo de la Federación Médica Venezolana (F.M.V.) para el período 1981-1983 y como vicepresidente de dicho Comité para el periodo 1983-1985.

Un día, siendo vicepresidente del Comité Ejecutivo de la F.M.V., se presentan en mi oficina, un grupo de compañeros colegas del estado Bolívar, encabezados por el Dr. Edgar Gómez, para notificarme que habían decidido que yo fuera la candidata a la Presidencia de la F.M.V. Sorprendida ante tal anuncio, por instantes, me quedé sin articular palabra. En fracción de segundos pensé en la gran responsabilidad que eso implicaba para mi familia, así como también en el tiempo que tendría que dedicar para recorrer ese camino para poder alcanzar la cúspide y en el impacto que causaría, en un gremio tan machista como el médico, que una mujer osara traspasar ese umbral. Sin meditarlo les respondí que tenía que sopesarlo. Sin embargo, ellos adujeron la confianza que tenían en mi liderazgo, en mi trayectoria política y gremial y en la firmeza de mi carácter, condiciones estas, claves para el triunfo.

Al llegar a casa, me reuní con mi esposo e hijos y les hice saber la propuesta de mis compañeros colegas. No hubo objeción alguna. Insistí en los sacrificios que para ellos implicaba ese compromiso, pero eso no fue suficiente para convencerlos. Nuevamente calibré el tamaño de entrega de mi esposo y de mis hijos, aceptando la propuesta.

Para ese momento, ya se hablaba de otra candidatura, la del colega Francisco Martínez, también militante de Acción Democrática, lo cual conducía a un proceso interno para seleccionar al que sería candidato de nuestro partido. Se inicia la campaña entre los compañeros médicos integrantes de la Fracción Médica Nacional del Partido, delegados al Pleno Nacional de nuestra fracción, una campaña difícil, porque el compañero Martínez ya había sido escogido por el ex Responsable Político de la Fracción Médica de AD, el compañero Natalio López Luque, quien contaba con el apoyo del Secretario Nacional de Organización, Luis Alfaro Ucero, para esa escogencia y quien ejercía un férreo control sobre la estructura partidista, quien transmitió, de inmediato, instrucciones de votar por Francisco Martínez. Llegado el día de las elecciones internas, la Fracción de Médicos convoca a un pleno nacional, el cual se realizó en la ciudad de Caracas. Una vez instalado el pleno, se selecciona la directiva de ese evento y se pasa a considerar el punto único de la agenda que no era otro que la escogencia del candidato a presidir la plancha del partido para las elecciones de la nueva directiva de la Federación Médica Venezolana. La votación fue a mano alzada, en el momento de votar mi nombre, todos los delegados alzaron la mano, poniéndose de pie, salvo uno de los delegados por la Seccional Monagas, tierra de Alfaro Ucero, quien traía la expresa orden de votar por mi contendor y que, ante la avalancha de votos a mi favor, no sabía qué hacer, permancer sentado o pararse.

De esta forma, quedé electa candidata a presidir la plancha de Acción Democrática para las elecciones de la Federación Médica Venezolana para el periodo 1985-1987. Una vez fijado el día electoral y el lapso de la campaña, ya inscrita nuestra plancha en la comisión electoral, dimos inicio a mi campaña.

Difícil es describir los pormenores de mis giras de campaña, solo atino a decir que fue algo muy hermoso. Parecía más bien una fiesta, pues mi candidatura despertó un inusitado fervor en los médicos de las distintas fracciones médicas del partido a nivel nacional y también entre los médicos simpatizantes e independientes de cada región, quienes me recibían con flores y obsequios y donde siempre estuvieron presentes distintos medios de comunicación, escritos, radiales y televisivos regionales, donde existían, para entrevistarme. Definitivamente, fui la noticia del momento. Una noticia sorprendente: una mujer se atrevía, por primera vez, en 40 años de fundada nuestra Federación Médica Venezolana, a ser su presidente, cargo, hasta ese momento, "reservado" al sexo masculino. Fui objeto de reseñas y entrevistas en los programas estelares de televisión, de periódicos y de revistas de la época, a nivel nacional.

Un hecho digno a destacar fue la participación de notables médicos, llamados en el argot médico de la época, "vacas sagradas" de la Medicina, quienes nunca habían participado en eventos gremiales, manifestando públicamente, a través de periódicos de circulación nacional, su preferencia y su intención de votar por mi candidatura.

Al final de esa bella y febril campaña, se realiza el acto de votación y rompiendo paradigmas, triunfo en todo el país con una abrumadora mayoría, convirtiéndome, en la primera mujer en presidir la Federación Médica Venezolana en sus 40 años de historia, obteniendo ocho (8) de los once (11) miembros que conforman su Comité Ejecutivo. Aquí debo hacer un bello recordatorio que me llena de orgullo y emoción, como fue la asistencia al acto de votación del amigo, compañero y colega, el presidente de la República, Dr. Jaime Lusinchi, quien al momento de votar un periodista le preguntó por quién votaría, y sin dudarlo, al instante respondió: "el voto es secreto, pero yo tengo mi candidata".

Cabe destacar, que hasta la presente fecha no ha habido otra mujer en ocupar esa posición.

Este singular triunfo volvió a acaparar las primeras páginas y editoriales de los periódicos nacionales, así como también de la televisión venezolana. Al día siguiente de mi triunfo, la primera página de "El Nacional", me fue dedicada. Aparecía una foto mía con el titular "Una mujer de mano dura", al igual que su mancheta, "Felicitaciones

Mujer Venezolana", iniciales que coinciden con las siglas de Federación Médica Venezolana.

La elección ocurrió en el mes de junio de 1985 y mi juramentación como presidente y el de mi Comité Ejecutivo fue en la Asamblea Ordinaria de la Federación Médica que se realizó entre el 9 y 13 de septiembre de ese mismo año, tal como está previsto en los estatutos, que, por azar del destino, su sede fue en la ciudad de Puerto Ordaz, estado Bolívar, lugar de donde eran oriundos los compañeros colegas que habían propuesto mi nombre. Un dato curioso, nuestra juramentación y toma de posesión como presidente fue el 13 de septiembre de 1985, fecha que coincide con mi día de graduación de médico, el 13 de septiembre de 1963; también con la fecha de fundación de mi partido, el 13 de septiembre de 1941 y con la fecha de la firma de la primera contratación colectiva del Ministerio de Sanidad y Asistencia Social (M.S.A.S) con la Federación Médica Venezolana (F.M.V.), el 13 de septiembre de 1987. Indudablemente, una bella y grata coincidencia

Fue un acto solemne, cargado de emoción y, por supuesto, de grandes expectativas, al que asistió el Dr. Otto Hernández Pieretti, ministro de Sanidad y Asistencia Social, en representación del ciudadano presidente de la República, Dr. Jaime Lusinchi, quien tuvo la gentileza de enviarme una nota, la cual conservo, excusándose por no poder asistir. También asistieron a la solemne instalación de la Asamblea, en testimonio de su apoyo incondicional a mi persona, los exministros Dr. Francisco Montbrun, Dr. Luis Manuel Manzanilla entre otras muchas personalidades del gremio y del acontecer político y, por supuesto, mi esposo, Henrique Quintero, y mis hijos, Helga y Miguel Enrique.

En los días que precedieron a la toma de posesión de la presidencia de la Federación Médica Venezolana, junto a mi esposo e hijos, fui objeto de numerosas muestras de afecto, reconocimiento y apoyo por parte de mis colegas del estado Bolívar, en sus propias casas de habitación. Al finalizar la asamblea y todos los actos enmarcados en la misma, emprendí mi regreso a Caracas y el 16 de septiembre asumí mis nuevas responsabilidades, trazando las líneas maestras de mi accionar como presidente, pero antes, a raíz de mi elección, ya me había condicionado mentalmente para enfrentar una oposición con actitud beligerante, la cual ya lo había comprobado por desplantes de los que fui objeto y me hacía presumir que mi gestión sería examinada "con lupa", tal vez, por el solo hecho de ser mujer. En ese sentido, preparé mi "archivo privado" donde guardaría todas las actas de las reuniones del Comité Ejecutivo durante mis dos años gestión, y de cuanto documento tuviera algún interés particular, que reposaron en mi casa de habitación hasta hace más o menos 15 años. Así mismo, preparé una agenda con los temas y problemas a abordar durante mi Presidencia, que era más que una agenda, un compromiso conmigo misma, que juré pondría todo mi esfuerzo vital para lograrlo. Con ese propósito, de inmediato solicité audiencia con ministros y presidentes de instituciones prestadoras de salud, donde laboraban nuestros médicos, o que tuvieran relación con el sector salud, tales como el Ministerio de Sanidad y Asistencia Social (MSAS), Instituto Venezolano de los Seguros Sociales (I.V.S.S.), el Instituto de Previsión y Asistencia Social del Ministerio de Educación (I.P.A.S.M.E.), entre otros.

En las audiencias concedidas por estas instituciones, les manifesté mi propósito de utilizar el entendimiento, el diálogo, sin renunciar a otros medios, para obtener las reivindicaciones por las cuales el gremio médico había librado enérgicas luchas durante muchos años sin lograrlo, aduciendo los empleadores que el médico era empleado público y, por tanto, no tenía derecho a la contratación colectiva, a pesar que el Instituto Venezolano de los Seguros Sociales, hacía varias décadas, había firmado con la Federación Médica Venezolana su Convención Colectiva

Igualmente, solicité audiencia a la Procuraduría General de la República, conocedora que esa institución era la "instancia de consulta, para la aprobación de los contratos de interés público de la Nación". En la audiencia con el ciudadano Procurador General, después varias horas de discusión y revisando la Ley del Trabajo, se encontró la "gracia" de que el médico no es empleado público y por ende si teníamos derecho a la contratación.

Ante esta evidencia, logré el compromiso por parte del Dr. Carmelo Lauría, ministro de la Secretaría de la Presidencia de la República, con el visto bueno del presidente Jaime Lusinchi, que la contratación colectiva se firmaría con el Ministerio de Sanidad y Asistencia Social y con el Instituto de Previsión y Asistencia Social del Ministerio de Educación. Finalmente, después de largas discusiones, se acordó el alcance de dichas contrataciones y en el acto protocolar de instalación de la XLII Asamblea Ordinaria de la

Federación Médica Venezolana, realizada en San Cristóbal, estado Táchira, el 13 de septiembre de 1987, el ministro de Sanidad, Dr. Otto Hernández Pieretti, en representación del ciudadano presidente de la República, Dr. Jaime Lusinchi, anuncia la firma de contratación colectiva del Ministerio con la Federación Médica, acto seguido, se procede a la firma de la Primera Contratación Colectiva del Ministerio de Sanidad y Asistencia Social con la Federación Médica Venezolana, suscribiéndola, el Dr. Otto Hernández Pieretti, como ministro, y yo, como presidente de la Federación. El auditorio ensordeció con los aplausos

En esa misma Asamblea, el día de su clausura, el 18 de septiembre, le correspondió al Dr. Pablo Bolaños, presidente del Instituto de Previsión y Asistencia Social del Ministerio de Educación, también en representación del ciudadano presidente de la República, Dr. Jaime Lusinchi, después de un breve discurso, anunciar la firma del Primer Contrato Colectivo de esa institución con la Federación Médica Venezolana, procediendo de inmediato, el Dr. Bolaños y mi persona, a su rúbrica.

Hay algo en mi obrar en procura de las más justas reivindicaciones para mi gremio y que me llena de una profunda satisfacción, fue el haber logrado con el Ministerio de Sanidad y Asistencial Social que se adjudicara en los presupuestos de los hoy estados Amazonas y Delta Amacuro, una partida de becas para los médicos que trabajaban en esas entidades, que a pesar de ser un grupo reducido, fue un logro muy apreciado por ellos porque estaban alejados de todo lo que significaba mejoramiento profesional y que como todo profesional de la Medicina, habían invertido seis (6) largos años de sus vidas para culminar su carrera universitaria y al igual trabajaban 365 días al año, sin siquiera disfrutar de domingos ni días feriados, tampoco tenían posibilidades de asistir a los congresos médicos para actualizarse, mucho menos de cursar alguna especialidad médica. Se hizo justicia, cosa que me enorgullece.

Otra de mis conquistas para los médicos con el Ministerio de Sanidad y Asistencial Social, fue la incorporación de las resoluciones G-59 y G-159 en el sueldo de los médicos, remuneraciones que no formaban parte de las prestaciones. Además, logré la incorporación de los médicos trujillanos, dependientes del Coordinado de ese Estado, a la nómina del Ministerio.

Es oportuno señalar un logro trascendental en

el primer año de mi gestión, la incorporación del fideicomiso al contrato colectivo con el Instituto Venezolano de los Seguros Sociales, que no era otra cosa que el pago de intereses sobre las prestaciones sociales, lo cual significaba un mejoramiento importante del salario mensual, logro por el que habían venido luchando varias directivas de la FMV.

Otro de los haberes de mi gestión fue la construcción del edificio sede de nuestra Federación, situada en la avenida Orinoco de Las Mercedes, en Caracas, que vino a formar parte de mi legado al gremio médico venezolano, el cual nunca podrá ser enajenado por directiva alguna de nuestra institución sin la previa aprobación de la máxima instancia de la Federación Médica Venezolana, como es la Asamblea Ordinaria.

Para poder llevar a cabo esta ambiciosa obra, de gran magnitud financiera, conté con la colaboración determinante de mi hija, Ing. Helga Quintero Cruz, quien para la época ostentaba el cargo de Directora General Sectorial de Planificación y Presupuesto del Ministerio de Desarrollo Urbano (MINDUR), siendo el Ing° César Quintana Romero su titular, a quien le expuso mi propósito de construir esa sede y que para lo cual necesitaba asesoría y apoyo técnico. El ministro Quintana, ex presidente del Colegio de Ingenieros de Venezuela, muy receptivo ante esa aspiración gremial, se comprometió en buscar la forma administrativa de brindarlo y planteársela al presidente Jaime Lusinchi, también gremialista, quien no dudó ni dejó transcurrir por mucho tiempo para satisfacer mi anhelo y aprobó la contratación, por parte de MINDUR, del proyecto del edificio y de un ingeniero inspector que se encargaría de la supervisión de la construcción, sin costo alguno para nuestra Institución

Fue así, que en mi segundo año de mi gestión como presidente, en 1987, iniciamos el proyecto y construcción del edificio que cristalizaría el sueño de tener una sede propia. Indudablemente, la asesoría y apoyo técnico y financiero por parte de MINDUR nos permitió ahorrarnos una parte importante de la inversión, haciendo posible la construcción del edificio,

En cuanto a la organización interna de nuestra máxima institución gremial, asumí la reestructuración de las comisiones asesoras del Comité Ejecutivo en distintas materias de interés para el gremio y para la comunidad, siendo las mismas conformadas por representantes de las diversas fracciones políticas que hacían vida en la Federación Médica, muchas de las cuales fueron coordinadas por colegas de la oposición, pues en mi campaña y en mi discurso de toma de posesión, "Un compromiso y un destino", afirmé que "en el ejercicio de tan importante y honorífico cargo, no habrá distinción alguna. Todas las tendencias políticas tendrán el mismo derecho de participación que la fracción de mi partido, pues seré la presidente del gremio médico y no de una fracción política".

Así concluyó mi período como presidente de la Federación Médica Venezolana, con un haber de importantes conquistas para el gremio médico, conquistas por las cuales lucharon nuestros dirigentes gremiales a lo largo de años sin lograrlas, pero cuan breve fue ese tiempo y cuan largo mi "compromiso y mi destino".

El mismo año que entrego la presidencia, soy electa presidente del Tribunal Disciplinario de nuestra Federación para el período 1987-1989.

Algo que estremeció mi orgullo fue que en ese devenir, los colegas de oposición que formaban parte de mi Comité Ejecutivo, así como los delegados opositores a las asambleas, que al inicio de mi gestión asumieron hacia mí una actitud muy hostil, fueron luego mis más fieles colaboradores, apoyando todas mis iniciativas y reconociendo que había hecho de la Federación Médica Venezolana, la pionera en la conquista de las mejores causas para sus miembros y un ejemplo para otros gremios, todo fruto de mi tenacidad, de mis deseos y de mi empeño de hacer de nuestra Federación, una institución comprometida con su gremio y con la comunidad a la cual pertenece,

Aquí debo resaltar que ese apoyo no solo se puso de manifiesto durante el ejercicio de ese honorífico cargo, sino también después de finalizar mi gestión. El día de la clausura de la asamblea, la que sería la culminación de mi gestión y el acto de entrega al presidente electo, un delegado de oposición propuso un voto de aplauso y de reconocimiento a mi persona por mi destacada actuación como presidente de la Federación Médica Venezolana y que el mismo fuera publicado en un diario de circulación nacional, lo cual fue aprobado por unanimidad con el auditorio de pie.

Días después, un grupo de doctoras, la mayoría independientes, organizaron un acto en homenaje a mi persona, donde asistieron importantes personalidades del mundo profesional, político y académico, entre los cuales cabe destacar a Carlos Andrés Pérez, expresidente de la República; a Celestino Armas, exministro de la Secretaria de la Presidencia y exministro de Minas e Hidrocarburos; a David Morales Bello, destacado abogado penalista, diputado y senador de la República; a Julio de Armas, presidente de la Academia Nacional de Medicina y exrector de la Universidad Central de Venezuela; a Espíritu Santos Mendoza, exministro de Sanidad; a Luis Manuel Manzanilla, exministro de Sanidad; a Pastor Oropeza, insigne pediatra, maestro de maestros; entre muchos otros.

En el transcurso de los últimos meses de ese año 1987 y durante el año 1988, fui objeto de reconocimientos por la mayoría de los colegios de médicos del país, quienes me hicieron entrega de placas y diplomas, que con orgullo y en señal de mi agradecimiento, penden en las paredes de la biblioteca de mi hogar.

No puedo ni quiero dejar de mencionar otros reconocimientos recibidos, entre los que cabe resaltar la Orden "Francisco de Miranda" en su Primera Clase; la Orden "Merito al Trabajo" en su Primera Clase; la Orden "Andrés Bello", en su Primera Clase; Condecoración Medalla de la Salud "Dr. Enrique Tejera", en su Primera Clase; la

Estrella de Carabobo, en su Única Clase; la Llave de la ciudad de Miami, Florida USA; la placa de reconocimiento del Colegio de Médicos Cubanos en el Exilio; el Diploma de Ciudadano Honorario de la ciudad de Miami; distinciones estas que me han llenado de orgullo e hipotecado mi gratitud a quienes sin mezquindad y, haciendo alarde de una gran generosidad, han reconocido las batallas de una mujer muy humilde, nacida en un recóndito pueblo de Venezuela: Niquitao.

Capítulo X

El Parlamento

Al finalizar el proceso electoral, Carlos Andrés Pérez resultó electo presidente de la República por segunda vez, y yo, favorecida por el voto de mis coterráneos, electa diputado principal al Congreso para el período 1988-1993.

Al incorporarme como diputado fui designada vicepresidente de Comisión Permanente de Salud de la Cámara de Diputados, así como también, integrante de la Comisión de Ciencia y Tecnología y de la Comisión de Asuntos Sociales.

En la Comisión de Salud, que se reunía semanalmente para tratar problemas atinentes a la salud del país, tuve la oportunidad de denunciar lo que siempre había sido mi preocupación: la duplicidad de inversión de los recursos económicos disponibles tanto en personal como en equipamiento por la multiplicidad de instituciones prestadoras de salud y propuse retomar la Ley del Servicio Nacional de Salud que vendría a solventar esta situación. Lamentablemente no se le dio el "Ejecútese".

También presenté mi cuestionamiento al lucro exagerado de la industria farmacéutica, cuyo capital era mayoritariamente extranjero, un 70% de laboratorios filiales de empresas internacionales y un 30 % de laboratorios nacionales, aunado a que la materia prima era importada, contribuyendo significativamente al encarecimiento de las medicinas, para lo cual propuse considerar la creación de un laboratorio nacional de medicamentos genéricos.

Denuncié la existencia del "Régimen de Patentes" en el anteproyecto de Ley de Propiedades Industriales que venía a encarecer los fármacos.

Como presidente de Subcomisión Especial para el estudio del Proyecto de "Ley de Trasplante de Órganos y Materiales Anatómicos en Seres Humanos", fui corredactora de dicha Ley.

El 5 de junio de 1993, como integrante de la comisión designada por la directiva del Congreso Nacional, me correspondió el altísimo honor de conducir al senador Dr. Ramón J. Velásquez, a su juramentación de ley como Presidente Constitucional de la República de Venezuela para concluir el mandato del Presidente Carlos Andrés Pérez.

Capítulo XI

MIS REMINISCENCIAS

Cómo dejar de expresar que, si algo he logrado, ha sido por el inconmensurable empuje que me diera mi familia. Mi madre, con sus cuidados y preocupaciones, con ese amor, con esas palabras simples, pero llenas de entusiasmo y de orgullo, al comprender que esa mi ausencia que tanto le dolía, sería por mi superación. Mis hermanos, con su apoyo moral y afectuoso; mis hermanas, sin egoísmos, nunca permitieron que las ayudara en las tareas hogareñas, quitándole tiempo a mis estudios. Mi padre, ese ser que forjó en mi alma ese espíritu indómito y esas mis ansias de superación, que me infundió la tenacidad y la perseverancia, que me inculcó que nada es imposible cuando se quiere lograr un objetivo. Luego, habiendo concluido la última etapa de mis estudios que podía realizar en Boconó, mi padre, quien a pesar de no poseer ningún título, de no tener instrucción alguna, nacido en el siglo XIX, tomó la trascendental decisión de que yo, su hija menor, se fuera sola a la capital de la República a terminar sus estudios, decisión ésta, reñida con la rigidez de su carácter y con las costumbres de la época, más aún en los estados andinos y alguna vez me dijo: *"ante los obstáculos, no se rinda"*. En fin, me preparó para la lucha. Sin su impulso no hubiera podido iniciar el recorrido que hice para llegar a realizar todos mis propósitos.

Y a ese gran hombre, Henrique, mi esposo, que no solo presintió, sino que tuvo la intuición que en mi yo interior no había renunciado a mis sueños de estudiar medicina y, con ese desprendimiento, sin mezquindades ni complejos, me impulsó a reiniciar mis estudios, a sabiendas que eso significaría restarle atención a mis obligaciones de esposa, de ama de casa y, sobre todo, de madre, pues se trataba de una etapa muy compleja en la vida de los hijos, la etapa de su formación intelectual y moral, pero siempre estuvo presto a cubrir mis ausencias, convirtiéndose en mi más ferviente colaborador. Luego, después de haber culminado mis estudios, cuando a mis actividades políticas y gremiales, se suman las profesionales, siempre me aupó para que las llevara adelante y alcanzara las metas que me había trazado, poniendo todo de su parte para que nada se interpusiera y, con gran fervor y orgullo, celebraba mis logros.

Debo resaltar la actitud de mis hijos, que, a pesar de su tierna edad, sentían una especie de satisfacción cuando yo llegaba y contaba mis anécdotas. Ya adolescentes, y luego adultos, les hacía comentarios acerca de mis actividades y con frecuencia hacían sus críticas y recomendaciones. De Helga, mi hija ingeniero, recuerdo su exhaustivo análisis relativo a la construcción de la sede de la Federación Médica Venezolana, entre otros. De Miguel Enrique, mi hijo médico, su visión sobre la crisis asistencial y su criterio para resolverla.

Para ellos, mi amoroso y sempiterno agradecimiento y, en particular, para mis hijos, mi acicate, mi pesar por haberles robado el tiempo de materna ternura y compañía, pero, creo, me forcé para lograr resarcir en algo, los tantos momentos que no estuve físicamente a su lado.

A mis hijos, mis bendiciones. Para el mejor y admirado esposo, mi eterna gratitud y mi reconocimiento a su tan invalorable entrega.

Contenido

I   Mi infancia· · · · · · · · · · · 11

II Mi adolescencia· · · · · 17

III Caracas · · · · · · · · · · · · 21

IV Henrique Quintero · 25

V   La dictadura· · · · · · · · 28

VI Universidad Central
    de Venezuela · · · · · · · 33

VII La democracia · · · · · · 37

VIII Mi vida profesional
    y mi vida gremial · · · · · 51

IX Federación Médica
    Venezolana · · · · · · · · 55

X   El Parlamento · · · · · 72

XI Mis reminiscencias · · ·74

Made in the USA
Middletown, DE
19 May 2024